낮과 밤만큼 먼 이야기

낮과 밤만큼 먼 이야기

초판 1쇄 발행 2022년 10월 31일

지은이 JJ
펴낸이 장현수
펴낸곳 메이킹북스
출판등록 제 2019-000010호

디자인 박단비
편집 박단비
교정 안지은
마케팅 장윤정

주소 서울특별시 구로구 경인로 661, 핀포인트타워 912-914호
전화 02-2135-5086
팩스 02-2135-5087
이메일 making_books@naver.com
홈페이지 www.makingbooks.co.kr

ISBN 979-11-6791-258-9(03810)
값 13,800원

ⓒ JJ 2022 Printed in Korea

잘못된 책은 구입하신 곳에서 바꾸어 드립니다.
이 책의 전부 또는 일부 내용을 재사용하려면 사전에 저작권자와 펴낸곳의 동의를 받아야 합니다.

홈페이지 바로가기

메이킹북스는 저자님의 소중한 투고 원고를 기다립니다.
출간에 대한 관심이 있으신 분은 making_books@naver.com로 보내 주세요.

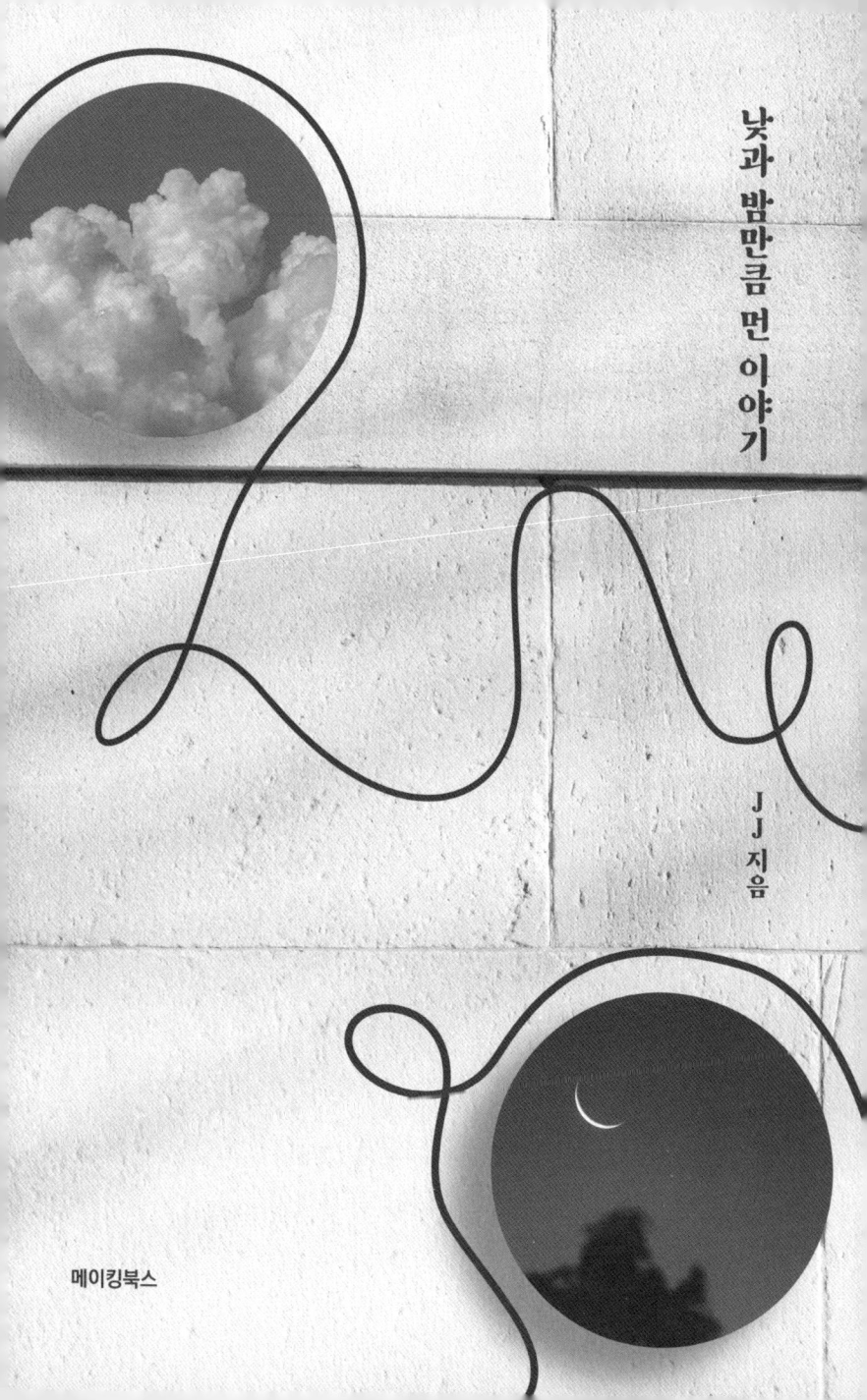

낮과 밤만큼 먼 이야기

JJ 지음

메이킹북스

서시- 인사동 <사람과 나무>

찬바람 섞인 한 끼가 끝났다

순간순간 사랑이 고요해져

마음이 조심스러워질 땐

창밖에서 바람을 타는

물고기 풍경을 바라보았다

추억을 얹어 두고 나왔다

사람과 나무 중정 뜰에

잔뜩 웅크린 서늘함이

자라는 게 보였다

서시- 인사동 <사람과 나무>

차례

서시 - 인사동 <사람과 나무>　　　　　　　　　　　4

1 · 달

용기	14
너에게서는	16
모든 계절이 너였다	17
겨울, 사근진 해변	18
가시	20
너를 만나면 숲이 된다	21
낮과 밤만큼 먼 이야기	22
고백	24
바람꽃	25
간이역	26
집착	28
집착 2	29
# 507	30
우주피스 공화국에 가자	32
계양역→ 김포공항역→	33
이별은 그렇게 왔어	34
후회는 걸음이 느리다	35
네가 버린 새벽	36

참을 수 없는 존재에 대하여	37
고독	38
질문에 답이 있었어	39
취중진담	40
이별 서점	42
뱉을 수 없는 말	43
묻는다, 그래서 행복하다	44
바뀌지 않는 그림	45
상처만 남은 성	46
눈물도 같이 저어본다	47
저는 가는 길입니다	48
너를 그리다	49
비보다 마음이 먼저 내리고	50
열정	52
표현할 수 있는 사랑은 이미 사랑이 아니다	54
에스프레소보다 진한	55
길을 잊다	56

2 · 낮

소녀	58
내 취향은 확고해	59
부뚜막에 올라간 고양이	60
첫인상	61
더 깊게	62
별일이 되면 늦어	63
미친년	64
나는 다른 사람 못 만나	65
Love is	66
네모여도 괜찮아	67
미안할 예정입니다	68
빨간 사과만 사과는 아냐	69
중독 Addiction	70
안 돼	72
청혼하지 마	73
네이버 지식 너	74
프렌치 키스	75
이태원 Red bar	76

잠자던 숲속의 공주가 깨면	77
로맨스 시작	78
꿈같은 세상을 너에게 주고 싶어	79
오해와 이해 사이	80
정직한 사랑	81
나는 어항이 좋아요	82
너와 연애하는 나는	84
적어도 외롭지는 않아	85
발랄한 거품	86
어디 가서 찾지?	87
그대도 남자군요	88
친절하다고 지는 게 아니야	89
네가 최고야	90
밟아	92
넌 다 예뻐	93
설득	94

3 · 밤		
	예감	96
	달도 별도 잠든 밤	97
	그녀를 들키고 너를 들키고	98
	믿을게 믿어볼게	99
	부당한 이별	100
	가지마가지마가지마가지마	101
	사랑	102
	체하고도 밥을 먹으며	103
	자각	104
	그래도 되는 줄 알았다	105
	믿음을 먹고 자라는 것들	106
	그리움도 지워질까요	107
	이상형에 관한 진실	108
	사랑도 저장이 되니	109
	퇴원하는 날	110
	밥 먹자	111
	늦은 걸까	112
	그녀를 잊지 말아요	113

눈을 감고 얘기해줘요	114
사랑이 슬픔이 되는 시간	115
상처 주다 벌 받을 거야	116
끝없는 소유	117
가을 한낮의 오해	118
입장 차이	119
긴 사랑에 마침표를 찍다	120
달콤한 망상	121
나는 나를 안다	122
우리는 우리를 안다	123
선물, 참 아프다	124
다른 건 나쁜 것	125
사랑은 해롭다	126
점은 그림이 돼도	127
네가 먼저였구니	128
리뷰	129

작가의 말   130

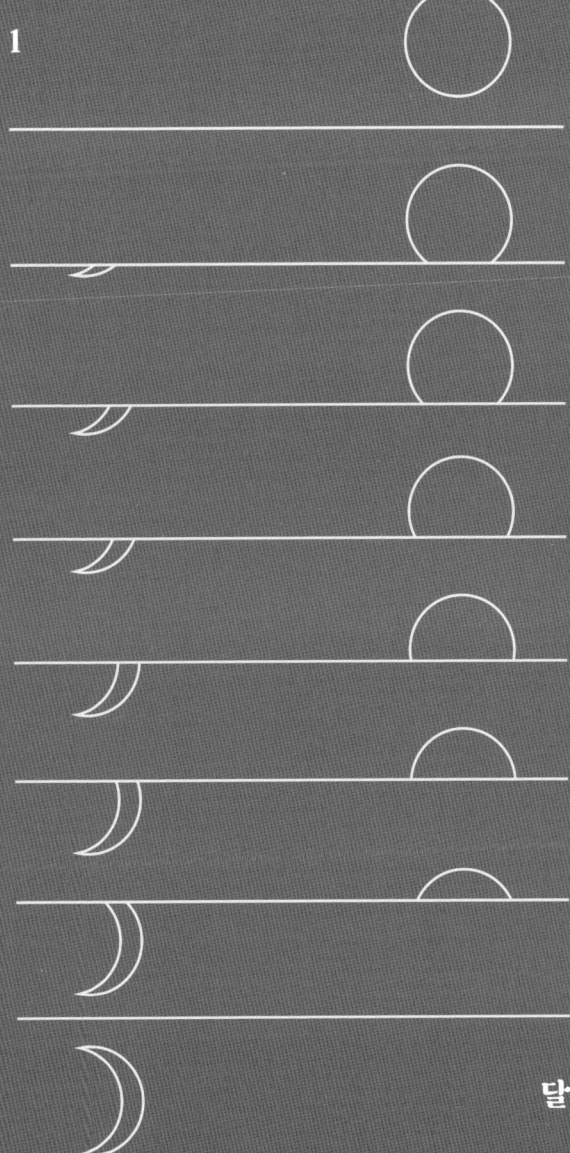

달

용기

가을의 자존심을 사랑한다
두려움 없이 흔들리고
자신 있게 떨어져 내리는
가을의 낙엽을 사랑한다

흔들리는 것을 미워했다
이리저리 흔들리는 것들은
당당해보이지 않았다

곧게 뻗지 못하고 흔들리는 글씨
불친절한 바람에 흔들리는 시선
지하철에서 이리저리 흔들리는 몸
그것들조차 자존심이 없어 보였다

대차게 흔들리고 알았다
소중한 것을 앞에 두고는
흔들릴 수밖에 없다는 것을 알았다

너를 높이고 나를 낮추어도 기쁜 것이
사랑인 것을 알았다

두려움 없이 흔들릴 용기가 생겼다
나는 이제 너에게 자신 있게
떨어져 내리고 싶다

너에게서는

너에게서는 블랑쉬 향이 난다 현규처럼
새벽별 청량한 비누 향이 난다
눈웃음이 다정한 엄마가 말 잘 듣는 소년에게
운동회 날 뽀얗게 삶아 입힌 백군 티셔츠 같은
싱그러운 향이 난다
맑은 날의 햇살을 한 움큼 떠와 세수시킨 듯
뽀득뽀득한 향이 난다

우리가 다시 만날 날을 위해
돌려세운 너에게선 아찔할 만큼 풋풋한 비누 향이 난다

* 현규: 강신재 소설 《젊은 느티나무》 남자 주인공

모든 계절이 너였다

"Ti amo" 한 송이 단어만 들고
이탈리아로 날아갈 수 있었던
잉그리드 버그만처럼

인적 드문 골목 오래된 담벼락
누가 볼세라 흘깃 적어놓은 꽃들 사이로
수줍게 핀 너를 닮은 이름 한 자

그것만으로 모든 계절을
살아낼 수 있는 것

* "…………(중략) 아는 이탈리아어는 오직 띠아모뿐인 여배우가 필요하다면 당장 이탈리아로 달려갈 준비가 되어 있습니다." 잉그리드 버그만이 로베르토 로셀리니 감독에게 보낸 편지글 인용

겨울, 사근진 해변

지겹도록 지워지지 않는 한 사람을
가슴에 묻은 친구와
빈틈없이 구겨 넣은 한 사람 때문에
외로운 나의 뜻하지 않은 동행

어둠을 삼킨 겨울 속에 도착했을 때
이미 바다는 그리움을 시작하고 있었다
그리움을 던지려던 친구는
더 큰 그리움의 파도를 안았다

나를 점령한 한 사람
한 조각 물결 한 줌 포말도
허락하지 않는 그 사람
나는 바다 한번 안지 못했다

그래도 돌아와야 했다
털어야 할 것도 비워야 할 것도

그곳엔 없었다

그해 겨울은 잔인하고
내 사랑은 혹독했다

가시

누군가를 사랑한 적 있냐는 물음에
누군가에게 사랑받은 적 있냐는 물음에

무심히 지나가며 묻는 말에
가시처럼 박힌 네가 또 솟아오른다

너를 만나면 숲이 된다

말은 뿌리가 없었다 그래서
너를 보면 마음보다 말이 먼저 달렸다

밤사이 타고 달리던 가지 위 위태롭게
얹어 둔 사랑이 홀씨처럼 날아갈까 봐
만나는 순간부터 말이 빨라졌다
말은 마음이 되고 싶었다

생각만으로 자라는 나무가 있었으면
좋겠다는 생각으로
그리워하며 심어놓은 한 그루
기도하며 심어놓은 한 그루

나의 숲은 너라는 나무로 빼곡하다

낯과 밤만큼 먼 이야기

그리는 남자를 사랑했다
섬세하게 물들여 건네주는
사랑은 말보다 아찔했다

알 수 없는 그의 마음이
도화지에 담기면 시인은 슬펐다

시인의 마음과 화가의 마음은
낮과 밤만큼 멀고도 다른 이야기

그리는 남자를 이해하고 싶었다
그리는 여자에게 조언을 구했다

그리는 여자는 자신도 모르게
그리는 남자의
눈과 마음까지 읽어버렸다

그리는 남자는 그리는 여자에게 물들어갔다
시인은 그래도 기뻤다
그리는 남자의 마음을 알 것 같았다

고백

약속의 나무 아래 가을 한 묶음 같은 당신의 고백
염치없게 파락대며 엿듣던 야속한 잎들

서로에게 후두둑 내려진 무안함은
괜한 발길질로 은행나무를 괴롭게 만들고

서툰 욕망으로 목이 말랐던 우리는
무보다 달콤한 유채꽃 줄기를
속이 쓰리도록 먹어대며 부끄러워 했지요

숨 막히게 쏟아진 가을
당신의 고백은 밟히고 손깍지는 깊어 갔어요

바람꽃

하얗게 숨었어요
작게 움츠렸어요

- 내가 너를 찾아갈게

그대 숨결 같은 바람
나를 적셔줄 바람

- 가고 있어

나를 길들여줄 그대만
기다리느라 작아진

- 지치지 마 조금만 더

나를, 나를,
나를 알아주세요

간이역

나는 아빠들은 원래
일 년에 한두 번씩만
집에 오시는 건 줄 알았다

오시면 원래부터
그 자리에 있었던 것처럼
뜨끈한 아랫목에 앉아
밥에 물을 말아 드시며
바둑 프로그램을 보고 영화를 보셨다

아빠를 훔쳐보느라 바빴던
나의 빈 숟가락질이 느려질 무렵
가시면 또 원래 그 자리에
없었던 것처럼

모든 것을 흔들고
아무것도 남기지 않는

바람 같았다

나는 그런 아빠를 사랑했다
그리고 아빠를 기다렸다 엄마보다 더
기다림은 사랑하는 사람의 몫이니까

그때는 몰랐다
나를 사랑하지 않는 대상을
하염없이 기다리는 것이
얼마나 무의미한 일인지를

나는 다시 너를 기다린다
아빠보다 더

기다림은 항상
사랑하는 사람의 몫이다

집착

희미한 숨결
고요한 한숨
작은 날갯짓

너는 내게 최소한의
흔적만 남기려고 온
사람 같았다

처음부터 잊히기 위한
사람 같았다

너를 새기고 싶었다
지워지지 않는 흔적이 되고 싶었다

너의 낙인이 되어
벗어날 수 없는 덫을
치고 싶었다

집착 2

너를 읽고 또 읽어
내가 네가 될 때까지
너를 알고 싶은 마음

미치도록
네가 되고 싶은 마음

507

자정이 가까워 올 무렵의
카페 안은 어스름하고 바깥은 환했다

거리에 타닥타닥
부딪는 비를 보려고
우리는 굳이 창밖을 향해
나란히 앉았다

주인이 몰고 들어온
소란스러운 빗소리 사이
어지러운 대화가 끝났다

사람은 변할 수 있는 존재라는 것
너도 변할 수 있다는 것

카페 # 507 길 건너편
머지않아 새로 문을 열게 될

노란 간판이 유난히 예쁜
카페가 보인다

너는 변할 것이다
비는 이제 끝고 있다

우주피스 공화국에 가자

우리 꼭 거기 가자
4월 1일 만우절 하루만 국가가 되는 나라
리투아니아 우주피스 공화국에
그런 나라가 있대

모든 사람은 강에서 살 권리가 있고
강은 흐를 권리가 있는 나라
모든 사람은 사랑할 권리를 가진 나라
눈물 나도록 아름다운 헌법을 가진 나라

뭐든 할 수 있는 그날
아름다운 그 나라에서는
미안하다는 말로 네가 대신했던
사랑한다는 말을 꼭 들려 줘

딱 하루만
네 진실한 마음을 내게 보여 줘

계양역→ 김포공항역→

계양역에 서면 습습한 비를
안은 파도 소리가 들릴 거야
촘촘한 어둠이 달려오는 게 느껴지면
그땐 가만히 가슴을 감고 있으면 돼

김포공항역이 다가오면 내리고 싶어도
참아 줘 그 마음 알지만 그렇게 해 줘
머무는 역이 아니라 지나쳐야 좋은 역이야
그런 곳이 있는 거야 발을 눌러야 하는 곳

그럼 너도 나를 잊을 수 있을지 몰라

이별은 그렇게 왔어

어쩌면 끝일 수도 있겠다
그런 생각이 문득 들었어

늦을 수도 있는 일인데
그럴 수도 있겠다는 생각이 안 들고
'그렇겠지' 하는 생각이 먼저 들었어

이별은 그렇게 끄덕이며 왔어

후회는 걸음이 느리다

변하지 않는 것들에

멈추어 있는 것들에

시선이 가고 발길이 가요

그것 자체로 믿음직스럽고

그것만으로 고마운 마음

진즉 알았다면 당신을

그리 보내진 않았을 거예요

네가 버린 새벽

와장창 깨진 사랑을
주우며 보내는 새벽
투명하게 팽개쳐져
널브러진 그것들을
안쓰럽게 주워들면
사랑보다 먼저 묻어나는
진득한 미움들
털면 털어질까
털어내고 싶긴 한 걸까
무람없이 흔들다
나조차 돌아눕는 새벽

참을 수 없는 존재에 대하여

"그냥 연민이었어."
………………………………
연민도 사랑이야 너 알잖아
우리가 어떻게 시작됐는지

뱉은 너는 머리가 하얘졌겠지만
내 심장은 죽었어 그 순간 까맣게

고독

너는 내 것이
아냐

처음부터 그랬고
어제가 그랬어

더 내 것이 아니었던
어젯밤

시집을 들어 몇 장 넘겼지만
눈은 책장을 넘기지 못해
덮어 버렸어

시도 내 것이 아닌 밤
너도 내 것이 아닌 밤

질문에 답이 있었어

나 사랑해? 라고 물으면
너는 당연하지!! 라며
숨도 안 쉬고 답을 했었다

그럼 내가 봄처럼 웃고
너는 여름처럼 웃었었다

오늘은
나 사랑해? 라는 물음에
너는? 이라며 질문에
질문으로 답을 한다

우리...
나 사랑해? 는
너를 사랑해. 였는데

취중진담

- 가을이 좋아, 슬픔이 용서가 돼서

막걸리가 맥주가 되고
맥주가 소주가 되고
다시

- 나도 좋아해볼까?
- 아니... 아니... 내가 견뎌보고

소주가 맥주가 되는 동안
우리는

말을 마시고
마음을 희석했다

- 용서하지 마

드러낼 수 없는
내내 감추어야 할

이별 서점

책 속에 박힌 예쁜 별들이

내 마음에 쏟아져 내릴까 봐

읽지 않고 찢기 시작했어

그 예쁜 별들을 잘게 찢어나가면

덮이지 않는 내 그리움들이

눈치 보며 조금씩 소리 내 울었어

뱉을 수 없는 말

나에게 오는 그대 목소리가
산산이 흩어져 버리면 좋겠어요

나에게 사랑한다고 말할까 봐
자꾸 시선을 돌리게 돼요

백 겹 향기 속에 머물던 당신에게
한 겹 향기도 허락하고 싶지 않아요

실려 오는 바람 속에 당신이 서 있을까 봐
굳은 채비하며 창문을 닫게 돼요

묻는다, 그래서 행복하다

그립다는 말은 아무에게나 할 수 있지만
그리우냐고 묻는 건 아무에게나 할 수 없으니까

바뀌지 않는 그림

열린 문 너머 햇살처럼 토닥이는 소리
톡톡 터지는 청량한 웃음소리
벽에 걸린 액자 속 봄에는 아직 네가 있다

상처만 남은 성

우리는 각자를 지켜가며
사랑할 수밖에 없을 거야

이전에 밟아 온 사랑만큼
밟혔던 상처가 많으니까

달을 밝히고 해를 가려도
이별은 온다는 것을 아니까

이 이상 사랑할 순 없을 거야
이 이상의 사랑도 없을 거야
그래도 다 줄 수는 없을 거야

눈물도 같이 저어본다

슈가 스틱을 톡 뜯어 우울해진 커피에
사르륵 쏟아 넣고 덜 외로운 왼쪽 방향으로
천천히 젓다가... 젓다가...

저는 가는 길입니다

우연이 쌓이고 쌓이면
인연이 되는 게 맞는 거겠죠

인연 같은 우연이 이렇게나
반복이 되는데도 모자란 거겠죠

우연이라기엔 너무 깊은데
인연이라기엔 아직 이른 거겠죠

천년에 한 방울 떨어지는 물방울로
당신의 가슴에 닿기를 소망하며

저는 500겁의 인연을 지나
억겁의 인연으로 가는 길입니다

너를 그리다

누군가를 그린다는 건
내가 너를 그린다는 건
머릿속에 가슴속에 눈 속에
하나만 채운다는 것

바라보고 바라보고 바라보는
대상이 너 하나뿐이라는 것
그래서 그리는 것이 아니라
박힌 감정으로 긁어야 하는 것

그립고 그립고 그리운
오직 한 사람을 위한 마음
누군가를 그린다는 건
내가 너를 그린다는 건

비보다 마음이 먼저 내리고

거리가 비를 담고 있는 날에는
그리움이 참아지지 않아요

눌러지지 않는 마음
열병 같은 마음을
당신께 들려주고 싶어져요

아무것도 모르고 평온한 당신
비가 오면 우산을 쓰는 당신

그래서... 여전히
아프게 쓰고 더 아프게 지웠던
보고 싶다는 말 대신

지나쳐도 좋을 마른 인사만
담백하게

아무것도 모르고 평온한 당신이
비가 오면 우산을 쓰도록
나처럼 그리움을 쓰지 않도록

열정

부암동 미술관에 왔어
정적인 향수를 닮은 그의 그림이 아니라
그를 사랑한 그녀의 이야기가 궁금해서

사랑하는 남자의 姓(성)을 자신의 성으로
사랑하는 남자의 號(호)를 자신의 이름으로
그렇게 그에게서 다시 태어난 그녀는
치열하지만 진정 행복한 삶을 산 듯 보였어

말을 하면 지키게 된다는 내 신념과
준비가 되면 말하겠다는 네 고집이
저녁내 이해의 강을 건너지 못하고
처음으로 생채기 난 새벽을 맞았지

사랑하는 사람을 먼저 배려하는 마음
사랑하는 사람을 이해하려는 노력
그녀에게선 그게 느껴졌어

네가 있어 내가 있었던 날들
집으로 돌아가면 다시는 네 손을 놓지 않을 거야

* 변동림은 김환기를 만나 그의 아호 향안으로 개명을 하고 그의 성을
  따라 김향안이 되었다.

표현할 수 있는 사랑은 이미 사랑이 아니다

무수한 점을 찍으며 그는
외로움을 삼켰겠지

달빛에 선을 그으며 그는
그리움을 삭혔겠지

그러고도 어쩌지 못한 마음은
'무제'라 명명했겠지

머뭇거리는 내 발 앞으로
그의 쓸쓸함이 바싹 다가선다

사랑. 이라고 쓸 수 없어서
아픔. 이라고도 쓸 수 없어서

여백을 한숨으로 채우고 나온 오늘

에스프레소보다 진한

"사랑해."
사회적 합의에 따른 표현

"마시멜로 해."
많은 고민이 담긴 알랭 드 보통식 표현

"나는 너야."
너는 웃지만 나는 진심인 표현

길을 잊다

2호선, 5호선, 7호선
320번, 2231번, 05번, 2230번, 2015번
강변북로, 동부간선도로
올림픽대교, 영동대교...

너에게 가는 방법은
이렇게 많이 알고 있는데
되돌아오는 방법을
나는 아직 모른다

2

낫

소녀

너만 그런 거 아니야

나도 너만 보면
안고 싶어
나도 너만 보면
키스하고 싶어
나도 너만 보면
더 깊은 무언가를 하고 싶어

너만 그런 거 아니야
나도 미칠 것 같아

내 취향은 확고해

나는 무조건
구름은 하얗고
장미는 빨갛고
바다는 파란 게 좋아

너를 사랑하니까
너를 사랑할 거야

부뚜막에 올라간 고양이

사랑해
엄마보다 아빠보다
너를 더 사랑해

엄마 아빠를 위해서
'뭐든 할 수 있을까'는
'뭐든이 뭘까' 고민이 되는데

너를 위해서는 '뭐든이 뭘까'
고민 없이 그게 뭐든 할 수 있겠다는
생각을 매일 매 순간 해

첫인상

너는 손이 착했어
길고 섬세해서
예쁘기도 했지만
먼저 착했어

눈은 착해도
말은 착해도
손의 태도는 나쁜
그런 사람들 많거든

네 손은
너는
예쁘고 맑고 참 착했어

더 깊게

내 삶으로 들어와
너를 허락할게

간섭이라고 생각 안 해
길들여지는 거라고 생각 안 해

미친 너보다 내가 더 미쳤다고
친구들이 욕해도 상관없어

집착이어도 괜찮아
구속이어도 괜찮아

나밖에 모르는 너니까

별일이 되면 늦어

그와 오래도록 함께하고 싶다면
노란색이 노란색일 때 물어 봐

그에게는 별것 아닌 일이
너에게는 별일이 되기 전에

그럼 그가 친절하게 대답해 줄 거야
피곤했다고, 그냥 잠이 들었을 뿐이라고
그건 그냥 노란색이었다고

미친년

쓰레기 버리러 나갈 때도 나는 너를 기다려

나는 다른 사람 못 만나

얼음장처럼 꽁꽁 언 테이블 위에서
잘 다듬은 스케이트 날처럼
전력 질주하던 혼잣말

Love is

사랑 "하는 당신이 나를 바라봐 줬으면" 해요
사랑 "하는 당신이 나를 보고 웃어 줬으면" 해요

사랑.
해요.

사랑과 해요 사이
부끄러운 별똥별이 살아요

네모여도 괜찮아

동성 친구들이랑 은근 신경전이
심한 날이 있잖아

고만고만한 사람끼리 만나
비슷비슷한 처지에 있는데도
굳이 구태여 우위에 서고 싶은
못난 날의 못난 나

몹쓸 신경전에 파김치가 돼서는
마음이 네모라 그런가
동그란 마음이 되고 싶다
자책하고 있는데

"내가 있잖아."
무심하게 툭
던져진 너의 말에
내 심장이 쿵

미안할 예정입니다

원래 당신은 욕심이 없던 사람
나를 만나 해주고 싶은 게 많아지니
어깨가 땅을 향해 가요

원래 당신은 걱정이 없던 사람
나를 지켜주고 싶은 불안함에
미소에도 주름이 늘어요

미안해요 모르는 척할 거예요
미안해요 아는 척 안 할 거예요

이번 생애 사랑은
내가 가질 거예요 미안해요

빨간 사과만 사과는 아냐

너에게 화가 난 날
대충 휘갈겨 써놓은 **사랑해**

너와 다툰 날 보이지 말라고
귀퉁이에 써서 접어놓은 **사랑해**

너에게 준 사랑이 고스란히 내게 와
샛노란 마음이 프리지아처럼 향긋하게 핀
사랑해

하루도 지나치지 못한
내 사랑이 파랗게, 하얀 밤에

중독 Addiction

일어나자마자 어제부터 읽던 책을 들고
너랑 몇 번 와 본 동네에 있는
그렇지만 같이 온 적은 없는 카페에 왔어

'커피중독' 카페 이름 너무 좋다
가슴 시린 샹송 같아
영화 '인간중독'도 나는 좋았거든

가진 모든 것을 내던진 진평의
집착 같은 사랑을 받는 가흔이
한없이 부러웠어

그리고 알 것 같았어
가흔이 아니면 안 돼서
숨이 쉬어지지가 않아서 자신을 향해
총구를 겨눈 진평을

그런 게 사랑이니까
아무리 해도 안 되는 게 사랑이니까

안 돼

부모님은 내가
공부를 잘해서 말을 잘 들어서
말대답을 안 해서 착하다고
예뻐하셨어
그럴 만한 이유가 있었고
나는 노력을 했지

너는 내가
울다가 코를 흘려서
앞만 보고 가다 넘어져서
칠칠맞게 흘리고 다녀서
벌레를 무서워해 놀라면
소리부터 질러서 예쁘대
깨물어 줄 만큼

이유 없이 노력 없이
나를 예쁘다 해준
유일한 사람이 너였어

청혼하지 마

너랑 같이 살기 싫어
언제든 안을 수 있어
미루며 안게 되는
편한 사이 되기 싫어

살로메를 평생 그리워한
릴케처럼
너도 나를 평생 그리워하다
죽기 직전 청혼해 줘

헤어질 일 없을 때

네이버 지식 너

밤에만 방전되는
핸드폰이 있다는데
어느 나라 제품인지
아시는 분 꼭 알려 주세요

프렌치 키스

소란스럽던 손길이 잠깐
멈추어지는 순간입니다
고요하던 움직임이 순간
단호해지는 순간입니다
맑았던 눈빛이 금세
집요해지는 순간입니다

타오르는 태양이 삼켜지고
제 마음엔 흐르지 않는
혼돈의 바다가 생겨납니다

이태원 Red bar

빌라 엠 로쏘 한 모금
강허달림의 미안해요
그리고 아직 놓아지지 않는 당신
그만 가라는 말 한마디
기다리고 있겠죠
조금만 더 기다려줘요
와인이 너무 붉어요
노래가 너무 진해요

잠자던 숲속의 공주가 깨면

바하마 브리즈 캔들을 켜요
당신의 뒷모습을 닮은
묵직한 머스크 향

느리게 그리고 촉촉하게
나의 살내음에 스며들면
당신을 초대할게요

장미향 나른한 밤공기가
나에게 데려다줄 거예요

똑, 똑
그건 너무 빨라요
두 번만 더 천천히

서두르지 말아요
긴 밤이 기다리고 있어요

로맨스 시작

일기예보를 검색했어요
오후부터 비가 온대요
우산은 들고 나가지 않을 거예요

좁은 우산 속 로맨스를 꿈꾸느라
몇 날 며칠을 기다렸는지 몰라요
보고 싶은 목마름을 한 움큼씩
삼켜가며 얼마나 기다렸는지 몰라요

.

.

멀리서 걸어오는 그대 손에도
우산이 없네요

꿈같은 세상을 너에게 주고 싶어

슬픔 모르는 별 눈을 갖게 되기를
사랑받는 매혹적인 꽃눈이 되기를

다음 생애 네가 원하는 눈을
갖고 태어날 수 있기를

대신 내가 태어날 수 없다 해도
모든 꿈같은 세상은 너에게 줄 수 있기를

오해와 이해 사이

그동안 오해했어요 미안해요
해줄 게 없어 외로웠다는 그대의 고백에

비밀번호를 몰라 방치됐던 내 마음속
열쇠들이 한꺼번에 스르르 풀어졌어요

이해했어요 미안해요
먼저 잘 보이고 싶은 욕심에 그랬어요

오해하면서도 당신을 많이 사랑했어요
이해했으니 당신을 더 깊이 사랑할게요

정직한 사랑

노랑 향 나는 노랑 꽃

분홍 향 나는 분홍 꽃

향대로 곧게 피는 꽃처럼

보이는 그대로의 사랑이기를

부디 정직한 마음이기를

나는 어항이 좋아요

"오늘 뭐해요?"
다시 내리는 소나기

그래요 당신이군요
친절한 당신은 아니니
잊을 기회 따위 줄 리가 없겠죠

"그냥요."
언제나 그랬듯 당신이 다가오기 쉽게
내가 정한 나의 역할을 다하며

"그럼 나랑 놀까요"
오른손으로 들었던 핸드폰을 왼손으로 넘겨볼게요
이불자락도 만지작거려 볼게요 아주 짧게만

내가 할 수 있는 최소한의 반항인 거 알잖아요
그리고 당신도 알잖아요

언제나 그랬듯 내 대답은
"Yes. Yes. 또 Yes."라는 걸

너와 연애하는 나는

너는
순간의 순간을 즐기는 사람
그래서 나는
연애하는 척 너 모를 사랑을 한다

내가 사랑하는 너는
사랑은 안 하고 연애만 하는 사람
너와 연애하는 나는
연애 말고 사랑이 하고 싶은 사람

적어도 외롭지는 않아

그땐, 외로움과 외로움 갈피마다 내가 있었어
외로움을 묻히지 않고는 외로움을 넘길 수 없었고

미워, 짜증나, 열 받아, 속상해, 기뻐
좋아, 슬퍼, 억울해, 괴로워, 황홀해
행복해, 웃겨, 비참해, 부끄러워, 쓸쓸해

너는 나를 한시도 내버려두지 않아
나는 너를 영원히 떠나고 싶지 않아

발랄한 거품

향기가 너무 예뻐
너를 부르고 싶어

나를 스친 향기를
너에게 주고 싶어

戀慕(연모)의 거품에
너를 가둬두고 싶어

戀情(연정)의 미열에
너를 빠뜨리고 싶어

얌전한 네 사랑을
와락 적시고 싶어

어디 가서 찾지?

비행기 구름이네
바빴나 봐

예쁜 구름들을 놓고 갔어

몽글몽글 양 구름
통통한 돌고래 구름
섬 구름
포세이돈 구름
솜사탕 구름

너만
없다

그대도 남자군요

만약에 첫 키스의 정의가
'강제로'가 아니라
'어쩌다 보니'가 아니라

100% 나의 의지로 내가
뭘 하는지 정확히 인지한 상태에서
이후에 벌어질 일을 행복하게 상상하며
지금 죽어도 좋다는 마음을 표현하는 거라면
네가 나의 첫 키스가 맞아

친절하다고 지는 게 아니야

너한테는 잘해주는 거 알지?
나 원래 이렇지 않아

이런 말은 상대방을 주눅 들게 만들어
왠지 만족을 강요당한 느낌
더 바라면 욕심이 과한 사람이 되는 느낌

'너한테는'이 아니라
'너라서'
이렇게 말해주면 안 되는 거니

네가 최고야

우리 엄마는
감기 드시거나 배가 아프시거나
소화가 안 되시거나 속상하실 때
쌍화탕을 드셨어 그러면 정말 괜찮아지셨어

네가 나에게 해준 말 중
내가 가장 좋아하는 말은
"내가 있잖아."라는 말

그 말을 생각하면
모두가 앉은 버스 안에서 나만 혼자 서서 가도
모두가 일행이 있는 식당에서 나만 혼자 먹어도
창피하지 않고 외롭지 않고 든든했어

내가 너에게 해준 말 중
네가 가장 좋아하는 말은

"네가 최고야"라는 말

넌 정말 최고야

밟아

내가 물에 빠지면 목숨 걸고 구해 주겠다거나
나를 위해 기꺼이 심장 이식을 해주겠다거나
내일 지구가 멸망한다면 나를 안고
장렬히 최후를 맞이하겠다거나

벌어지지 않은 날에
나를 사랑할 생각 하지 말고

나를 사랑한다면
지금! 당장! 내게! 달려와

넌 다 예뻐

늦으면 어때요
기다림이라뇨
설레임이지요

늦을수록 더 고마운 걸요
그이만 생각할 선물 같은
시간을 내게 주니까요

헝클어진 웃음으로
뛰어드는 그이가
얼마나 사랑스러운데요

늦게라도 와주는
그이가 나는 얼마나
고마운데요

설득

난 가을에 더 사랑을 잘해
요

3

밤

예감

너를 만난 후로는
모든 게 다 슬퍼

잠이 안 와도 슬프고
빵을 사면서도 슬프고
우산을 써도 슬퍼

내게 남은 감정이 슬픔뿐인 듯
사랑도 자꾸 슬픔이 되어가

달도 별도 잠든 밤

새벽 4시 하늘은
슬쩍 달이 잠들고
토라져 별이 잠들면
둔한 너만 꼬리 잡힌 채 남은 하늘

병아리 모이 먹듯
너 한 번 땅 한 번 너 한 번 땅 한 번
눈물만 툭 툭 떨구다
온통 번져버린 네 얼굴만 남은 하늘

그녀를 들키고 너를 들키고

내가 보아왔던 너의 마음들은
모두 무엇이었을까

그토록 오랜 시간 내게 머물던
너의 아낌없는 사랑들은
도대체 무엇이었을까

믿을게 믿어볼게

누누이 네가 내게 말했듯
사랑과 섹스가 다른 말이길 바라
별일 아닌 일처럼 내게 말했듯
별것 아닌 기억으로 남았기를 바라

부당한 이별

"미안해요. 잘 지내요."

온 힘을 다해 나를 사랑했다기에는
너의 마지막 문자가 턱없이 짧다

그래서

잘못은 네가 했는데 네가 왜 그랬는지
그 이유를 나에게서 찾고 있다

마지막 문자가 번복되기만을 기다리며
나에게 묻고 또 묻고 있다

가지마가지마가지마가지마

좋은 사람인 거 알아
마음 약한 사람인 거 알아
그래서 힘든 거 알아
그러니까
말하지만 마
지금은
제발

사랑

신기했다

햇살 아래 반짝이는 금목걸이
핑크빛 꽃무늬 셔츠
눈을 어디에 두어야 할지 모를 정도로
당혹스런 느낌의 남자였다

그래서일까

우리가 마주한 고작 3초 남짓했던 순간을
돌아오는 길에 떨구어 내지 못하고
그렇게 데려온 시선과 여태
혼란스런 밤을 보내고 있다

밍밍하고 닁닁하고 심심하기 그지없는
나의 감정 안에서 너는 지금 최악이다

체하고도 밥을 먹으며

네가 먹고 싶은 음식은 물어보나마나
내가 먹고 싶다는 음식이었지

내가 좋으면 너도 좋았지

너는 몰랐지
내가 먹고 싶다고 한 음식은 딱 봐도
네가 먹고 싶어 하는 음식이었다는 걸

네가 좋으면 나도 그냥 좋았다는 걸

오늘은 네가 너무 사무치게 그리워
한꺼번에 다 시켜먹고 있다는 것도
너는 모르겠지

자각

영화에 이런 대사가 있었어

'틀린 질문에서는 옳은 답이 나올 수 없다'

너와 다투다가 깨달았지

사랑이 삶의 전부인 여자와

사랑이 삶의 일부인 남자는

아무리 싸워도 같은 답을

낼 수 없다는 것을

그래도 되는 줄 알았다

네가 나를 더 사랑한다는 걸
나는 알고 있었다

너에게 서운할 때마다
이별하자고 했다

나를 달래주기 위해
너는 뭐든 했고

그래도 되는 줄 알았다
네가 나를 더 사랑하니까

숨이 콱 막히고 눈앞이 캄캄하고
머리가 하얘지는 이별 문자를
지금 너에게 받을 때까지

믿음을 먹고 자라는 것들

뿌리 깊은 불신으로 좀먹어든
하얀 가슴 안으로 별이 날아들었다

빛을 잊고 길 잃은 나비처럼 날아든 너를
까만 밤으로 날려 보내지 못하고
하얀 가슴 안에 가두어 버렸다

너는 달랐다 그래서 믿었다
믿고 또 믿으며 사랑하고 또 사랑했다

별도 나비도 빛도 사랑도 너도
이제 그만 꺼져버렸으면 좋겠다

그리움도 지워질까요

내 핸드폰에 저장된 연락처들 중에서
이름이 없는 번호는 딱 두 개야

세상에서 나를 제일 사랑하는 엄마와
세상에서 내가 제일 사랑하는 너

일어나지 않았으면 하는 이별의 순간이 왔을 때
하지만 일어날 수밖에 없는 이별의 순간이 왔을 때

도저히 그 이름을 지울 자신이 없어서
여전히 숫자로만 남겨 두고 있어

세상에서 나를 제일 사랑하는 엄마와
세상에서 내가 제일 사랑하는 너인데

이상형에 관한 진실

깔딱깔딱 잘만 하면
가질 수 있을 것 같던 사랑은
몹쓸 희망으로
속 쓰린 위장병만 안겨줬지

이왕지사 못 가질 사랑
근사하게 폼 나게
너 따위쯤 코웃음 나게

네가 다시 돌아오면
이상형이 류준열이라
받아줄 수 없다 해야지

류준열이 아니니까
다시는 다시는 다시는
사랑하지 말아야지

사랑도 저장이 되니

"연애 초반에 저축해 놓길 잘했다."

요즘 들어 네가 자주 하는 말

처음에는 관심 못 줘서 죽은 귀신처럼

내가 먹는 밥알 개수까지 궁금해하고

멀쩡하게 뜨는 해도 내 덕분이라고 우겨대더니

이제 소홀함을 당연시하기 시작한다

다람쥐 도토리 쟁이듯 잔뜩 넣어줬으니

배고플 때 알아서 꺼내 먹으라며

퇴원하는 날

너 전에도 했던 사랑인데
그때라고 대충 했겠어?

시시한 사랑이란 없는 거고
만만한 이별은 더더욱 없는 거잖아

기억이 안 나서 그렇지 그때도
아마 죽을 것 같았을 거야

그래도 죽지 않고 살아서
또 죽을 만큼 사랑한 거 보면

이번에도 별거 아닐 거야
다 잊을 수 있을 거야

밥 먹자

우리에게 있어 밥 먹자는 말은
단순히 밥만 먹자가 아니었다

보고 싶다 그립다 안고 싶다
사랑하고 싶다 키스하고 싶다는 말의
다른 말이었다

요즘 우리는 그런 이유로
혹시라도 상대방이 밥 먹자는 말을
다른 뜻으로 오해할까 봐
열심히 밥 먹는 일에만 열중한다

우리는 진짜 밥만 먹는
사이가 되었다

늦은 걸까

톤의 높낮이가 서운하고
대답의 깊이가 서운하고
성글게 마주잡은 손바닥의
거리가 서운하다

네가 멀어지는 게 느껴지니
별별 모든 일에 서운한 감정이 생긴다

사랑에 자신이 없어지니
사랑은 더 깊어진다

그녀를 잊지 말아요

매사 좋은 게 그저 좋은
헐렁한 남자는

좋은 게 왜 좋은지
반드시 묻는 여자가
짜증이 났을 거야

그 여자는 그 남자를
많이 사랑했어
그 여자는 뭐라도 알아야 했을 뿐이야
그 여자는 표현하는 법을 몰랐을 뿐이야

눈을 감고 얘기해줘요

사랑하는 연인들이 싸울 때
전해지는 감정은 속상함
사랑이 식어버린 연인들이 싸울 때
전해지는 감정은 지겨움

나는 오늘 너에게서
그 지겨움을 또 봤어

더는 말하기 싫다는 듯 지겨운 말투
더는 상대하고 싶지 않다는 듯
지겨운 표정

온통 지겨워만 보이는 네 눈동자에
비춰진 나의 모습이 나도
지겹다

사랑이 슬픔이 되는 시간

네가 아니면 1분1초도
뛰지 않으려는 심장을 따라 달렸어

네 이름 하나로 뛰는 가슴인데
멈추지 못하고 뛰는 가슴인데
사람에 지치니까 사랑도 지쳐가

사랑이 슬픔이 되는 시간은 찰나였어
슬픔이 된 사랑은
더 이상 뛰지 못해 갇혀버렸어
심장 안에 영원히

상처 주다 벌 받을 거야

굿모닝, 굿나잇 인사만으로 충분히
행복해하는 너라서
소소한 일상을 나누는 것만으로 충분히
감사해 하는 너라서

별다른 노력 없이 과분한 사랑을
받다 보니

어떻게 하면 너를 행복하게
해줄 수 있는지는 잘 모르면서
어떻게 하면 너에게 상처를 줄 수 있는지는
너무 잘 아는 내가 되어 버렸어

난 벌 받을 거야
…너를 잃는 벌

끝없는 소유

습관처럼 사랑하며 모아둔 전리품들
어디쯤에 나를 세워놨는지 물었어

묻고도 무서워 피 같이 흐를 대답이
상처에 스며들기 전에 내리려는데

꿈쩍도 않을 것 같던 네가 움직였어
오른손이 하얘지도록 나의 옷을 꽉
부여잡으며 화를 냈어

욕을 해도 좋으니 네 옆에서 하라고
화를 내도 좋으니 네 옆에서 내라고

깊은 슬픔에 찬 네가 보였어
나는 그제야 안심이 됐어

가을 한낮의 오해

햇살이 부서져라 피길래
몇 번이고 나를 보며 웃어주길래

더 좋은 사람을 만나라는 말이 꼭
나를 사랑한다는 말 같아서

등 뒤로 숨겨놓았던
해바라기가... 999송이가

눈치 없이 한꺼번에
투두둑 내밀어졌다

* 999송이 해바라기 꽃말: 몇 번이고 다시 태어나도 당신만을 바라볼게요

입장 차이

당연하게
한 번 잘 못하고 한 번 잘하는 사람들 틈에서

바보처럼 너만
한 번 잘 못하면 두 번 잘하려고 노력하는 사람이라서

너는 나를 남들처럼만 사랑해도
나는 너를 남들처럼만 사랑할 수가 없다

긴 사랑에 마침표를 찍다

내일도 나를 사랑할 거야?
나는 오늘 너를 사랑해
영원히 나를 사랑해줄 수 있어?
나는 오늘 너를 사랑해
변함없이 사랑한다고 약속해줄래?
나는 오늘 너를 사랑해

그 남자의 내일에
그 남자의 미래에
그 남자의 꿈에 그 여자는
한 번도 존재하지 않았기 때문에

달콤한 망상

당신 뒤에는
당신만 바라보는 여자가 서 있어요
당신 앞에는
당신이 바라봐 왔던 여자가 서 있어요

시간이 흐르면 남자는
한 번쯤 뒤도 돌아봐 줄까요?

나는 나를 안다

집착하게 될까 봐 그래서
너에게 부담을 주게 될까 봐
저장해 놓지 않았던 네 번호가
뭉클 액정에 뜬다

내 손바닥 안에서 허겁지겁
여전히 비굴하게 진동을 한다

그동안 밥은 잘 먹고 다녔냐고
잠은 잘 잤냐고
알지만, 물었다

밥도 잘 먹고 잠도 잘 잤을 네가
문득 나를 기억해내기까지 걸린
그 시간 동안의 나를,
나는 알기 때문에

우리는 우리를 안다

밥 먹다 통화하러 나가도
집 앞까지 데려다주지 않아도
문자에 답 안 줘도
성의 없이 키스해도 괜찮아

사랑하지 않는 상대에게는
뭐든 너그러울 수 있다는 걸
네가 가르쳐 줬잖아

고맙다고 하지 마
그런다고 미안이 사랑이 될 수는
없다는 것도 네가 가르쳐 줬잖아

너는 너를 알고 나도 나를 알듯이
나는 이제야 너를 놓았고
너는 이제야 나를 사랑하게 됐을 뿐이야

선물, 참 아프다

여자에게 선물은
확인 같은 거야
너의 의식 속에 여전히
내가 있다는 확인

너의 취향에 물들지 않은
나의 취향을 탓하지 않고
기억해준 것에 대한 고마움

너를 사랑하는 나를
너도 사랑한다는 확인

그래서 그날
억지로 끌려나온 네가 던지듯이
선물을 내 손에 쥐여 주었을 때
나는 너무 아팠어

다른 건 나쁜 것

가끔 겁나고 자주 불안해

12색 크레파스 같은
다채로운 너의 세상
12가지 톤만 존재하는
단조로운 나의 세상

사랑할 때 다르다는 건
이별만큼 나쁜 거니까

사랑은 해롭다

사랑은 한 평 방 안에서
죽어라 피워 댄 담배 연기 같은 것
한 발 내디디면 아무것도 남지 않는 것
마음에 밴 냄새로 짐작만 하는 것
몸에 남은 습관으로 평생 괴로운 것

점은 그림이 돼도

단추만 보고 옷이라고 안 해

끈만 보고 신발이라고 안 해

당근만 보고 카레라고 안 해

일정만 공유하는 것을 사랑이라고

안 해

네가 먼저였구나

식은 내 맘만 생각하고 있다
식은 듯 보이는 네 맘에 당황해서

혹시나 조그만 돌을 던져보았다
역시나 금방 돌아오는
조목조목 뭉친 돌

정색하면 진심인 것 들킬까 봐
비겁하게 웃는 돌

이미 오래전에 식어 버린
싸늘하게 굳은 돌

리뷰

당신께서 내 글을 읽고
어려운 사랑하느라 힘들었겠다고
위로해 주실 때까지

괜찮은 줄 알았어요 사랑하니까
괜찮은 줄 알았어요 사랑받으니까

가슴앓이 하는 나를 보면 그 사람도 아플까 봐
힘들다 말할 수 없는 사랑이라서
그런 말도 사치 같은 사랑이라서

모른 체해왔던 내 마음들을
한순간에 알아봐 준 당신 때문에

오늘은 그 사람 앞에서
울고야 말았어요

작가의 말

기억하고 싶었다.
'영원'이라는 건 동화 속에서도 이미 사라진 지 오래.
둘이서는 '영원'할 수 없지만 혼자서는 '영원'할 수 있었다.
기억하기 위해 기록하기 시작했다.
기록하기 위해 글을 고르며
사계절의 바람을 느끼기 시작했다.
사물들이 말을 걸어왔다.
물감을 집어 들었다.
행복한 순간들, 기쁜 순간들, 예쁜 순간들에
내 의지대로 색감을 입혀갔다.
아픈 순간들조차 밝은 부분을 더 밝게 해주는 색이 되었다.
소중한 시간들을 영원히 정지시키고 싶은 내 욕심으로
'낮과 밤만큼 먼 이야기'라는 그림을 완성시켰다.

이 글 속에서만큼은 5년 전 그날도, 3년 전 그날도,
그날의 겨울도, 그날의 가을도 정지되어 있다.
영원히 지워지지 않는다. 사라지지 않는다.
나를 지나쳐가는 시간들을 여유롭게 바라보며
어떤 것을 정지시켜야 할지, 어떤 것을 흘려보내야 할지
이제는 안다. 정확하게.
그래서 나는 지금 '행복'하다.

작가의 말